UN JOUR DANS LA VIE D'UN
INDIEN

Emma Helbrough
Illustré par Inklink, Firenze
Traduction : Armaris

SKY COMM JEUNESSE

2050 av. Jean Monnet - 83190 Ollioules

www.skycomm.fr

Texte de Emma Helbrough
Illustrations de Inklink, Firenze
Un livre conçu et produit par Emma Godfrey,
Emma Helbrough, Rachel Coombs, Nicholas Harris
et Sarah Hartley, Orpheus Books Ltd.
Traduction de Armaris

Consultant: Dr Sam Maddra,
Department of History, University of Glasgow

Dépot légal : septembre 2011
Conforme à la loi n° 49-956 du 16 juillet 1949
sur les publications destinées à la jeunesse

ISBN 978-2-36439-008-9

Imprimé en Chine

TABLE DES MATIÈRES

INTRODUCTION

Dans ce livre captivant, tu vas partager la journée très remplie de la vie d'un indien des plaines d'Amérique du Nord au 19ème siècle. Tout en t'amusant, tu découvriras le mode de vie des indiens d'Amérique, ce qu'ils mangeaient et les batailles qu'ils livraient.

TACHES QUOTIDIENNES

Une fois le camp établi, les femmes s'attèlent à leurs taches quotidiennes. Il leur faut explorer les plaines, cueillir des baies et des fruits, comme les fraises des bois et les prunes. Elles cueillent aussi de la menthe poivrée et d'autres herbes pour assaisonner leur cuisine.

De retour au camp, Belle Plume, la femme de Grand Loup, fait sécher des morceaux de bison au soleil. La viande séchée se conserve plusieurs mois et permet de nourrir la tribu durant les rudes mois d'hiver lorsque la nourriture se fait rare. Deux femmes ont étendu une peau de bison et l'ont fixée au sol avec des piquets. Elles raclent la graisse à la surface avec un outil taillé dans un os. Une fois nettoyée, la peau est retournée pour enlever les poils. Puis les femmes la tannent en la frottant avec de la cervelle de bison bouillie. La peau ainsi préparée sert à faire des vêtements, des chaussures, appelées mocassins, ou à recouvrir les tipis.

Pendant que les femmes s'affairent, Grand Loup apprend à son fils à tirer à l'arc avec des flèches. Pour l'instant, Petit Corbeau ne tire que sur des cibles fixes, mais avec un peu d'entrainement, il saura bientôt tirer sur des lapins sauvages et autres petits animaux.

Vrai ou faux ?

Tous les indiens vivaient dans des tipis.

10

11

Voici Grand Loup, le héros de cette histoire.

Réponds à ces questions puis consulte les réponses en page 31.

QUELLE HEURE EST-IL ?

L'horloge qui se trouve au coin de chaque page te permet de savoir l'heure qu'il est tout au long de l'histoire. Mais en réalité, les indiens ne possédaient pas d'horloge. Ils percevaient le temps d'une manière bien différente de la nôtre. Ils mangeaient lorsqu'ils avaient faim et se levaient et se couchaient en même temps que le soleil.

LA VIE EN AMÉRIQUE DU NORD

Les indiens sont arrivés d'Asie en Amérique du Nord il y a des milliers d'années. Ils se sont rapidement installés sur tout le continent, en formant différentes tribus, qui possédaient chacune ses propres coutumes et sa propre langue. Le mode de vie d'une tribu dépendait de la région dans laquelle elle s'installait.

Celles qui s'établirent dans l'Ouest chassaient le bison tandis que celles qui vivaient dans les déserts du Sud-ouest cultivaient la terre. Dans les immenses forêts de l'Est, les indiens chassaient le cerf et cueillaient des baies, tandis que sur les territoires gelés du Grand Nord, ils chassaient le phoque et pêchaient.
Au 16ème siècle , les Européens débarquèrent en Amérique du Nord pour s'établir sur la Côte Est. Au19ème siècle, alors qu'ils étaient de plus en plus nombreux, ils commencèrent à chasser les indiens hors de leurs territoires, déclarant que ces terres leur appartenaient. Mais beaucoup d'indiens refusèrent de partir et luttèrent contre le gouvernement américain.

La chasse au bison dans les plaines d'Amérique du Nord.

UN PEUPLE NOMADE

Il est six heures du matin et la tribu Sioux de Grand Loup lève le camp pour suivre un troupeau de bisons qui migre à travers les plaines d'Amérique du Nord. Ces animaux fournissent à la tribu vêtements, abris et nourriture. Il est donc important de ne pas s'en éloigner. Tout ce que les indiens possèdent se trouve sur des travois, sorte de traîneaux fixés sur le flanc des chevaux. Chevauchant à l'avant du groupe avec son fils, Petit Corbeau, Grand Loup cherche l'endroit idéal pour établir le camp. Il doit pouvoir y trouver beaucoup d'eau douce, du bois, et de l'herbe fraîche pour nourrir les chevaux.

LE CAMP

Grand Loup a trouvé l'endroit parfait pour sa tribu. Malgré quelques arbres à proximité, la zone est dégagée, les guerriers d'une tribu ennemie ont donc peu de chance de tendre une embuscade. Les femmes commencent à décharger les travois et montent les tipis. Elles doivent d'abord construire une armature en bois, en attachant les mâts ensemble avec une lanière en cuir. Puis elles recouvrent le tout de peaux de bisons cousues entre elles.

Vrai ou faux ?
Les indiens portaient des plumes dans leurs cheveux.

TACHES QUOTIDIENNES

Une fois le camp établi, les femmes s'attèlent à leurs taches quotidiennes. Il leur faut explorer les plaines, cueillir des baies et des fruits, comme les fraises des bois et les prunes. Elles cueillent aussi de la menthe poivrée et d'autres herbes pour assaisonner leur cuisine.

De retour au camp, Belle Plume, la femme de Grand Loup, fait sécher des morceaux de bison au soleil. La viande séchée se conserve plusieurs mois et permet de nourrir la tribu durant les rudes mois d'hiver lorsque la nourriture se fait rare. Deux femmes ont étendu une peau de bison et l'ont fixée au sol avec des piquets. Elles raclent la graisse à la surface avec un outil taillé dans un os. Une fois nettoyée, la peau est retournée pour enlever les poils. Puis les femmes la tannent en la frottant avec de la cervelle de bison bouillie. La peau ainsi préparée sert à faire des vêtements, des chaussures, appelées mocassins, ou à recouvrir les tipis.

Pendant que les femmes s'affairent, Grand Loup apprend à son fils à tirer à l'arc avec des flèches. Pour l'instant, Petit Corbeau ne tire que sur des cibles fixes, mais avec un peu d'entraînement, il saura bientôt tirer sur des lapins sauvages et autres petits animaux.

Vrai ou faux ?

Tous les indiens vivaient dans des tipis.

À LA RECHERCHE DE BISONS

Il est midi et Grand Loup se prépare pour la chasse. Avec deux autres chasseurs, Cheval Bleu et Nuage Courageux, il quitte le camp à la recherche du troupeau de bisons. Les éclaireurs voyagent à cheval, se protégeant les yeux du soleil afin de regarder au loin dans la prairie. Il ne suffit parfois que de quelques heures pour trouver le troupeau, mais des jours entiers sont souvent nécessaires, il faut donc rester constamment vigilant.

Alors qu'ils atteignent le sommet de la colline, les hommes mettent pied à terre et s'approchent prudemment du bord. Ils avancent en rampant pour ne pas être vus des bisons ou des ennemis d'une tribu rivale.

Du haut de la colline, ils aperçoivent le troupeau qui suit le cours de la rivière et broute dans la plaine.
Grand Loup est soulagé d'avoir trouvé si vite le troupeau. Il remercie les esprits de l'avoir guidé jusqu'aux animaux puis fait signe à Cheval Bleu et à Nuage Courageux de retourner au camp pour annoncer la bonne nouvelle aux autres. Ils rassembleront le reste des chasseurs et reviendront tous ensemble.

La sagesse du guerrier

Hormis les bisons, quels autres animaux chassaient les indiens ?

a) Le porc-épic
b) Le castor
c) Le loup

LA CHASSE

Grand Loup et Cheval Bleu galopent à côté du troupeau de bisons qui dévale la plaine dans un bruit assourdissant. Un bison peut facilement piétiner un cheval et son cavalier au cours d'une ruée, les cavaliers doivent user de tous leurs talents pour esquiver ces bêtes puissantes.

Grand Loup s'aperçoit qu'un animal, plus âgé que les autres, commence à montrer des signes de faiblesse et être distancé par les autres. Il s'approche de la bête pour l'isoler du reste du troupeau et l'abattre sans difficultés. Grand Loup bande son arc et tire une flèche en direction du flanc du bison qui s'écroule au sol, inerte. Les hommes descendent de leur monture pour remercier les esprits et l'animal qui s'est sacrifié pour la survie de la tribu.

LE FESTIN

La tribu se réunit sur le lieu de la chasse pour un festin préparé par les femmes. Les hommes mangent en premier le foie cru de l'animal qui leur apportera force et courage pour la chasse et les batailles à venir. On réserve à Grand Loup et à Cheval Bleu la langue de l'animal, un morceau de choix, pour les récompenser de leur chasse fructueuse.

Les femmes commencent à préparer un ragoût. Elles chauffent des pierres dans un feu qu'elles jettent ensuite dans une marmite d'eau avec des morceaux de viande, des navets frais et des herbes. Le tout commence à bouillir.

Vrai ou faux?

Les indiens d'Amérique se peignaient le visage de couleurs vives

Grand Loup a mangé à sa faim. Il reste encore beaucoup de nourriture, mais rien n'est jeté. La viande sera coupée en lanières puis séchée

LE TROC

Il est trois heures et Grand Loup rend visite à une autre tribu pour échanger des marchandises. Les indiens Mandans sont des fermiers et ne chassent pas comme les Sioux.

Ils cultivent des denrées comme le maïs et les haricots. Aujourd'hui Grand Loup vient échanger des peaux de bisons contre du maïs.

Les deux tribus se méfient l'une de l'autre mais restent toujours courtoises et polies.

Elles savent que le troc leur est utile. Ces rencontres sont aussi l'occasion de se conter des histoires, de partager des idées et les dernières nouvelles. Les deux tribus ne parlent pas la même langue mais communiquent avec des gestes et des expressions du visage. Les Mandans ont de mauvaises nouvelles. Ils ont découvert que des hommes blancs s'étaient installés en bordure du territoire Sioux. Les colons y ont construit une maison et ont clôturé le terrain pour y élever du bétail et cultiver la terre.

La sagesse du guerrier

Comment les indiens mesuraient-ils leur richesse ?
a) à la taille de leur tipi
b) au nombre de chevaux qu'ils possédaient
c) à la nourriture à leur disposition

Grand Loup. est en colère ! Les hommes blancs n'ont pas le droit de s'installer sur leur territoire. En faisant cela, ils déclarent la guerre aux Sioux. Grand Loup remercie les Mandans et retourne au plus vite près des siens pour leur annoncer la terrible nouvelle.
Ce n'est pas la première fois que les Sioux entendent parler des colons blancs. Ils sont de plus en plus nombreux à s'installer dans les plaines. Mais malgré sa tristesse, Grand Loup est certain que leur chef saura comment agir.

LE CONSEIL

De retour au camp, Faucon Rouge, le chef, réunit tous les guerriers dans le tipi du grand conseil. Les hommes, vêtus de leur pagne traditionnel en cuir de bison, sont assis autour du feu, et fument solennellement le calumet. Le bouclier de chaque guerrier est accroché au dessus de lui. Tandis qu'ils fument, les guerriers demandent aux esprits de les aider à

combattre les colons blancs.

Ils discutent ensuite de ce qu'ils doivent faire. Comme le veut l'usage, un seul homme parle à la fois, tandis que les autres écoutent avec attention. Tous estiment qu'ils doivent chasser les blancs de leur territoire, car ils n'ont pas le droit de s'y installer. Faucon Rouge, le chef, suggère d'attaquer les colons pour leur signifier leur colère et les faire fuir.

PRÉPARATIFS DE GUERRE

Les guerriers se préparent au combat. Seuls les hommes livrent bataille car ils ont pour mission de protéger la tribu. Ils rassemblent arcs et flèches et aiguisent leurs lances et leurs tomahawks.

Ils attachent à leurs cheveux et boucliers un trousseau du guérisseur contenant des objets sacrés leur appartenant, tels que des enveloppes de graines, des dents d'animaux ou des cristaux de quartz. Ces objets leur apporteront force et courage pendant le combat.

Ils peignent ensuite leurs boucliers, leurs corps et leurs chevaux de dessins illustrant leurs victoires au combat ainsi que de symboles protecteurs d'animaux et du monde des esprits. Grand Loup utilise un pinceau en poils de queue de porc-épic et des peintures colorées à base de mousse et de plantes.

Une fois prêts, les hommes ont fière allure. Ils rendent visite au guérisseur de la tribu, le chaman, qui leur donne sa bénédiction avant la bataille. Dans une danse rituelle, le chaman demande aux esprits de mener les guerriers à la victoire

Vrai ou faux ?

Les indiens d'Amérique se saluaient en disant « Hug ! »

À L'ATTAQUE !

Grand Loup et les guerriers ne tardent pas à trouver les colons. Les Mandans ont dit vrai. Ils chargent en direction de la ferme et l'encerclent à cheval tout en décochant une volée de flèches vers les fenêtres. Les fermiers sont pris

par surprise alors qu'ils travaillent dans le jardin. Ils courent se réfugier derrière des tonneaux et des charrettes et ordonnent à leur famille de rester à l'intérieur loin des fenêtres. Leur chien se rue vers la barrière et aboie férocement en direction des chevaux, tandis que les poulets gloussent et battent des ailes dans tous les sens.

Les fermiers s'emparent de leurs fusils de chasse et commencent à tirer mais les indiens sont aussi bons cavaliers que guerriers. Ils se laissent glisser agilement le long de leur selle pour éviter les tirs puis se redressent en un éclair en poussant de terribles cris de guerre et tirent des flèches en direction de la ferme.

La peur sur les visages des fermiers marque une victoire pour Grand Loup. Il comprend que les indiens ont obtenu ce qu'ils voulaient et fait signe aux autres de retourner au camp.

Vrai ou faux ?

Les indiens d'Amérique dansaient autour des totems.

UN ACCUEIL CHALEUREUX

Toute la tribu se presse pour accueillir les valeureux guerriers à leur retour. Tous sont soulagés que personne ne soit blessé. Les Sioux n'apprécient pas les

effusions de sang. Leur but était simplement de protéger les leurs et de prouver leur courage. Grand Loup raconte la bataille dans ses moindres détails. Les enfants, réunis autour de lui, écoutent avec admiration. Certains rejouent la scène avec des armes imaginaires. Petit Corbeau est fier de son père, ce courageux guerrier.

DANSE GUERRIÈRE

La soirée est consacrée à de joyeuses festivités. La tribu a deux évènements à fêter : la chasse fructueuse et la bataille victorieuse. Les guerriers commencent les festivités par une danse guerrière pour remercier les grands esprits du ciel de les avoir aidés.

Dans un état de transe, ils chantent et dansent en rythme autour du feu. Chacune des plumes d'aigle qui coiffent leurs cheveux symbolise une bataille victorieuse.

Le chef Faucon Rouge porte son impressionnante coiffe de guerre, symbole de son grand courage et de sa bravoure. Après la danse, ils s'assoient tous sous le ciel étoilé, et se racontent les histoires que leur contaient leurs aïeux. Grand Loup est heureux. La guerre contre les blancs n'est peut-être pas terminée, mais pour l'heure, la vie est belle.

La sagesse du guerrier

Que faisaient les enfants indiens ?

a) Ils travaillaient avec leurs parents.

b) Ils allaient à l'école.

c) Ils jouaient.

GLOSSAIRE

Voici les définitions de mots que tu as trouvés dans ce livre.

Embuscade Sortir brusquement d'une cachette et attaquer sans prévenir.

Cuir de bison Peau du bison.

Pagne de bison Peau de bison dont on a gardé les poils à l'extérieur afin qu'elle tienne plus chaud.

Calumet Pipe fumée au cours des rituels.
Ferme Maison construite par les premiers colons blancs des grandes plaines.

Trousseau du guérisseur Petit sac rempli d'objets sacrés. Les indiens d'Amérique pensaient que ces objets leur donnaient des pouvoirs magiques.

Mocassins Chaussures en cuir souple de bison.

Plaines Grandes étendues de prairies et de collines qui couvrent le centre de l'Amérique du Nord.

Chaman Sorcier ayant des pouvoirs spirituels et de guérison.

Esprits Forces surnaturelles qui contrôlaient la Terre selon les indiens.

Ruée Fuite soudaine d'un troupeau d'animaux.

Tipi Maison en peau de bison recouvrant une structure de bois.

Totem Poteau en bois sculpté d'animaux et de créatures mythiques et symbole d'une histoire familiale.

Travois Sorte de traîneau servant à transporter les marchandises à travers les plaines.

Tribu Groupe de personnes vivant en communauté.

Danse guerrière Danse rituelle des guerriers après une bataille victorieuse pour remercier les esprits de les avoir aidés.

RÉPONSES

Page 8 – Vrai ! Les guerriers portaient des plumes dans leurs cheveux qui symbolisaient leurs victoires au combat.

Page 11 – Faux ! Seules les tribus qui chassaient le bison vivaient dans des tipis. Les autres habitaient des maisons faites d'herbes, d'écorces et d'autres matériaux.

Page 13 – a et b. Les piquants de porc-épic servaient à la couture et au tissage. Les castors étaient chassés pour leur peau qui avait des pouvoirs de guérison, et pour leurs dents qui servaient à faire des colliers. Les indiens d'Amérique chassaient rarement le loup.

Page 17 – Vrai ! Les guerriers se peignaient le visage et le corps de symboles spirituels qui les protégeaient au combat.

Page 19 – b. Les chevaux étaient le bien le plus précieux d'une tribu et chaque cavalier entretenait un lien particulier avec sa monture. Les guerriers organisaient même des rafles de chevaux qu'ils dérobaient aux tribus ennemies. Ces vols entraînaient souvent des représailles et même des guerres à grande échelle.

Page 23 – Faux ! Chaque tribu avait sa propre langue et donc sa propre façon de saluer.

Page 25 – Faux ! Seuls les indiens de la côte nord-ouest construisaient des totems, qui n'étaient d'ailleurs pas destinés à la danse. Ces monuments retraçaient l'histoire d'une famille.

Page 29 – a et c. Les enfants indiens n'allaient pas à l'école mais les garçons apprenaient à chasser et à se battre, tandis que les filles étaient initiées à la cuisine, la couture et la préparation des peaux. Les enfants avaient également beaucoup de temps pour jouer.

INDEX